Rotfuchs

Für meinen Mann Michael

Angelika Huber-Janisch

Die Werkzeugkiste der Tiere

Illustriert von
Jana Walczyk

Rotfuchs

Inhalt

LUFT-AKROBATEN

ÜBERALL ZU HAUSE

ARBEIT, SPAß UND SPIEL

GANZ SCHÖN SCHRÄG

Die Werkzeugkiste der Tiere: Guckt mal, wer da werkelt!

«Handwerk hat goldenen Boden», sagt ein altes Sprichwort. Aber nicht nur der Lebensunterhalt ist damit gesichert. Nein, mehr noch – wer handwerklich geschickt ist, heimst meist jede Menge Bewunderung ein: ein gezielter Griff in die Werkzeugkiste, und mit dem geübten Einsatz des passenden Werkzeugs ist jedes Problem schnell gelöst! Kaum zu glauben, dass auch Tiere so etwas Tolles draufhaben. Und doch, es ist tatsächlich so: Die Herstellung und der Gebrauch von Werkzeugen ist keine alleinige Leistung des Menschen. Hämmern und bohren, angeln und stochern, bauen und graben können auch sehr viele Tiere. Die berühmte Verhaltensforscherin Jane Goodall hat das bei Schimpansen ausgiebig studiert. Aber nicht nur unsere nächsten Verwandten werkeln, was das Zeug hält. Vom größten Säugetier bis hin zum kleinsten Insekt gibt es auf der ganzen Welt viele Beispiele dafür, wie Tiere Werkzeuge nutzen. Sie tun das vor allem, um an leckeres Futter zu gelangen. Um Beute zu jagen und harte Schalen zu knacken. Manchmal aber auch, um die Partnerin fürs Leben zu finden, es auf Wanderungen und beim Schlafen sicher und gemütlich zu haben, sich von Krankheiten zu heilen oder für ihre Gesundheit vorzusorgen. Und sogar, um sich spielerisch die Zeit zu vertreiben. Lasst euch überraschen, was beim Griff in die Werkzeugkiste der Tiere so alles zum Vorschein kommt. Da werdet ihr garantiert staunen …

Was ist ein Werkzeug?

Als Werkzeug bezeichnen Verhaltensbiologen jeden Gegenstand, der zur späteren Verwendung aufgesammelt und mitgenommen wird. Manche Wissenschaftler zählen auch Erde, Sand oder Wasser dazu, wenn die Materialien später gezielt eingesetzt werden – beispielsweise zum Bauen oder zum Schießen. Ein echtes Werkzeug ist also meist ein körperfremder Gegenstand, den das Tier aus der Umgebung an sich nimmt und nutzt. Auch manche körpereigenen Werkzeuge, die speziell für einen «Arbeits-Zweck» gebildet wurden – wie zum Beispiel die Greifscheren bei Krebsen –, gelten als Werkzeuge. Natürlich gibt es auch Körperteile, die von Tieren sehr geschickt als Werkzeuge verwendet werden, die aber ursprünglich andere Funktionen haben. Die Rüssel der Elefanten, die Schnauzen der Delfine, die Schnäbel der Vögel oder die Zähne vieler Tiere zählen dazu. «Echte» Werkzeuge im Sinne der Verhaltensforscher sind sie zwar nicht – aber unglaublich nützlich sind auch sie.

Der Krake: Wer hat die Kokosnuss geklaut?

Viele Arme, nichts im Hirn? Von wegen! Ein Krake ist nämlich sehr schlau. So schlau, dass er sogar Tests besteht, die die meisten Kinder erst ab einem Alter von vier Jahren schaffen. Und zählen kann er auch. Vermutlich nicht die Anzahl seiner vielen Arme, aber bis drei reicht es allemal. Kein Wunder also, dass so ein kluges Tier auch Werkzeuge einsetzen kann.

Ein Haus für alle Fälle

Um sich vor seinen Feinden im Meer zu verstecken, hat der Krake sich etwas ganz Besonderes überlegt. Er baut sich eine Art Schutzhütte, in die er sich zurückziehen kann. Dafür sammelt er halbe Schalen von Kokosnüssen, die ins Meer gefallen und auf den Boden gesunken sind. Die schleppt er so lange mit sich herum, bis er eine zweite, dritte, vierte Schalenhälfte gefunden hat. Nach und nach stapelt der Krake sie übereinander und trägt sie im Laufen weiter. Immer höher wird sein kleiner Turm, bis er die Schalen an einer geeigneten Stelle zu einer Hütte verbindet. Mit der er sogar später umziehen kann. Ganz schön raffiniert, was? Übrigens: Dass Kraken Kokosnussschalen mit sich herumtragen, wurde erst 2009 entdeckt und war der erste Beweis dafür, dass auch wirbellose Tiere Werkzeuge benutzen.

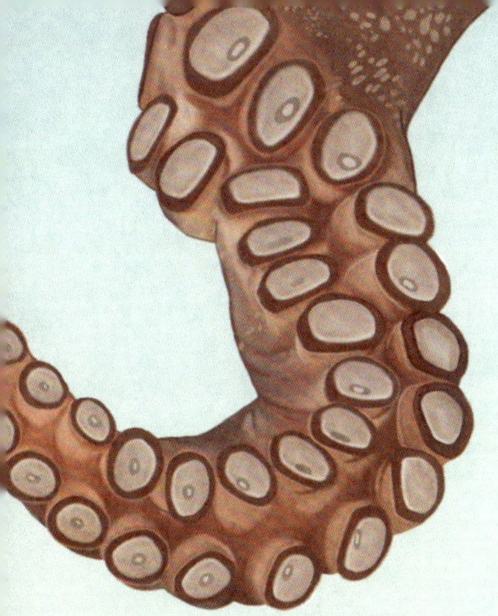

Kraken-Steckbrief

Kraken gehören zur Gruppe der Tintenfische und werden auch Oktopusse genannt. Zur Gruppe der Tintenfische zählen noch die Echten Tintenfische und die Kalmare. Sie alle leben im Meer, sind wirbellose Weichtiere und sogenannte Kopffüßer. Das heißt, ihr Kopf ist im Vergleich zum restlichen Körper recht groß – und aus ihm ragen lange Füße, besser gesagt: Fangarme. Bei Kraken sind es acht, bei Echten Tintenfischen und Kalmaren sogar zehn Arme, die sie unabhängig voneinander bewegen können.

Na so was: Gut behütet!

Kraken leben die meiste Zeit ihres Lebens allein. Wenn aber Nachwuchs unterwegs ist, schließen sie sich an gut geschützten Plätzen manchmal mit ihren Artgenossinnen zusammen: Nachdem die Kraken-Mütter ihre Eier abgelegt haben, breiten sie gemeinsam ihre vielen Arme darüber und bilden so eine Art Kraken-Brutplatz.
So lange, bis die Jungen geschlüpft sind – was im Extremfall schon mal über vier Jahre dauern kann.

Der Delfin: Schwamm drüber!

Delfine gehören zu den beliebtesten Tieren – kein Wunder, denn sie sehen immer so aus, als würden sie lächeln. Elegant, schön und schnell sind sie obendrein. Außerdem sind ihre Sinne – sie hören zum Beispiel unglaublich gut! – sehr hoch entwickelt. Genau wie ihr Gemeinschaftssinn.

Ein Schwamm als Schnauzenschoner

Auch wenn Delfine im Wasser leben: Sie sind keine Fische. Delfine sind Säugetiere. Und sehr intelligent: Sie können sich im Spiegel erkennen, einfache Sätze verstehen und sogar zählen. Kein Wunder, dass Delfine auch den Gebrauch von Werkzeugen für sich entdeckt haben. Sie tun das vor allem, um sich die Arbeit bei der Nahrungssuche zu erleichtern.

Delfine fressen für ihr Leben gern Fische. Bei Fischen, die in den oberen Meeresschichten herumschwimmen, ist die Jagd vergleichsweise einfach. Aber es gibt auch leckere Beutefische, die am Meeresgrund leben. Schollen, Seezungen und andere Plattfische. Die tarnen sich farblich so gut, dass man sie kaum sehen kann. Oder graben sich

Großer Tümmler

Delfin-Steckbrief

Delfine sind in allen Meeren der Welt verbreitet. Sechs der 38 Delfinarten leben gar nicht so weit weg von uns: im Mittelmeer. Sie heißen Großer Tümmler, Streifendelfin, Gewöhnlicher Delfin, Rundkopfdelfin, Gewöhnlicher Grindwal und Rauzahndelfin. Auch im europäischen Atlantik und in der Nordsee gibt es einige Delfinarten.

Gewöhnlicher Grindwal

Na so was: Hier komme ich!

Delfine verständigen sich untereinander neben Klick- auch mit Pfeiftönen. Dabei hat jeder Delfin seinen eigenen Signal-Pfeifton. Diesen Erkennungslaut lernt ein junger Delfin bereits wenige Monate nach seiner Geburt. Er begleitet ihn – ähnlich wie euch eure Vornamen – ein Leben lang.

Streifendelfin

sogar in den Boden ein. Doch vor den Spürnasen der Delfine sind sie trotzdem nicht sicher. Die stülpen sich einfach zuvor ausgerissene Schwämme über die Nase und tasten damit den Grund ab. So können sie den Boden gut aufwühlen und gleichzeitig ihre empfindlichen Delfinnasen schützen. Diesen cleveren Trick lernen junge Delfine nicht nur von ihren Eltern, sondern auch von gleichaltrigen Delfinen. Schwämme zählen übrigens auch zu den Meerestieren!

Der Pistolenkrebs: Achtung, gleich knallt's!

Nicht immer sind die größten Tiere auch die pfiffigsten. Oft sind es gerade die kleinsten, die durch geschickten Werkzeuggebrauch auffallen – und sogar Rekorde aufstellen. Wie die nur daumengroßen Pistolenkrebse.

Blitz und Donner

In den Meeren herrscht ein ganz schönes Rambazamba – denn hier leben die drei lautesten Tiere der Welt! Der Blauwal, dessen Gesang doppelt so laut ist wie ein vorbeifahrender Rettungswagen mit Sirene. Und der Pottwal, der als Schreihals des Ozeans gilt. Seine Rufe sind sogar lauter als ein startender Düsenjet. Das allerlauteste Tier der Welt aber ist ein echter Winzling: der Pistolenkrebs, auch Knallkrebs genannt. Eine Pistole trägt das Schalentier natürlich nicht, aber eine vergrößerte Schere, die fast so lang wie sein gesamter Körper ist. Und mit der er es richtig krachen lassen kann, wenn er die beiden Finger der Schere blitzschnell zusammenklappt. So schnell, dass das Wasser mit hoher Geschwindigkeit zwischen ihnen wie aus einer Röhre herausschießt. Durch den Druck des Wasserstrahls fällt auch eine winzige Gasblase in sich zusammen, die sich an den Spitzen der Scheren gebildet hat. Sie «implodiert», sagen Forscher dazu – was einen ohrenbetäubenden Knall und einen Lichtblitz erzeugt. Die große Wucht des Strahls aus dieser «Wasserpistole» setzt Beutetiere, aber auch Rivalen außer Gefecht, die es auf dieselben Weibchen oder Wohnröhren abgesehen haben.

Bigclaw-Schnappgarnele

Na so was: Ordentlich aufräumen!

Ein Pistolenkrebs kann aber noch mehr: Muschelschalen als Schaufelbagger einsetzen, um sich am Meeresboden gemütlich einzurichten. Wenn man die Schale nämlich quer vor die Scheren hält und richtig Gas gibt, lässt sich mit ihnen ganz viel Sand auf einmal aus den Wohnröhren schieben.

Mittelmeer-Knallkrebs

Steckbrief Pistolenkrebs

Pistolenkrebse sind langschwänzige Garnelen. Etwa 230 verschiedene Arten gibt es von ihnen. Sie leben an den Küsten und Stränden warmer Meere. Ihr ohrenbetäubendes Knattern kann sogar das Ortungssystem von U-Booten empfindlich stören.

Mittelmeer-Knallkrebs

Der Schützenfisch: Flossen hoch, oder ich schieße!

Nicht nur Pistolenkrebse schießen mit Wasser: Auch einige Fische beherrschen diese Kunst perfekt. Ihre Technik ist natürlich eine andere – denn Greifscheren zum schnellen Zusammenklappen haben sie nicht. Aber sie sind trotzdem erfolgreich. Schützenfische etwa schießen kleine Tiere außerhalb des Wassers mit Wasserstrahlen zielsicher ab.

Schützenfisch-Steckbrief
Schützenfische leben in Mangrovensümpfen tropischer und subtropischer Küsten und Flüsse von Südasien bis Nordaustralien. Sieben verschiedene Arten gibt es von ihnen.

Na so was: Helles Köpfchen

Spektakulär ist auch die Jagdtechnik des Anglerfischs. Ihm baumelt ein körpereigenes Werkzeug von seinem Kopf: eine Köderangel, die leuchten kann! Aber wie bloß? In der Angel hat der Fisch Leuchtbakterien eingelagert, die ihm den Weg durch die stockdunkle Tiefsee erhellen. Und dazu noch leckere Beutetiere direkt vor sein Maul locken – die der Fisch dann einsaugen kann.

Gut gezielt ist halb gewonnen

Wie machen die Schützenfische das nur? Sie spucken. Und das aus dem Hinterhalt. Klar, sonst würde das Insekt oder die Spinne, die sich eben mal kurz auf einem Ast ausruhen, sie entdecken und schnell das Weite suchen. Also stellt sich der Schützenfisch im Wasser schräg auf, sodass nur sein Kopf an der Oberfläche zu sehen ist. Dann heißt es: Muskeln anspannen und pressen! Sofort schießt das über die Kiemen aufgenommene Wasser wie aus einer Wasserpistole aus seinem Maul – und wenn er gut gezielt hat, spuckt er seine Beute mit einem scharfen Strahl vom Ast. Landet sie im Wasser, muss der Schützenfisch nur noch hinschwimmen und zuschnappen.

Eine ähnliche Technik verwenden Fadenfische, die in Süd- und Südostasien leben. Allerdings können sie nur in kleinen Portionen spucken. Einen durchgängigen Wasserstrahl schaffen sie nicht. Auch Druckerfische sind echte Wasser-Pistoleros: Sie haben es auf stachelige Seeigel abgesehen und schießen sie so lange mit Wasserstrahlen an, bis sie umfallen und ihre weiche Unterseite präsentieren – und der Drückerfisch gefahrlos zubeißen kann.

Meeresschnecken: Baumeister unter Wasser

Manche Meeresschnecken sind echte Könner darin, mithilfe von Werkzeugen die Stabilität ihres Gehäuses zu erhöhen oder sich aus einer brenzligen Lage zu befreien. Dafür nutzen sie das, was am Meeresgrund herumliegt. Steine zum Beispiel. Und Schalenreste von anderen Meerestieren. Die lassen sich gut für ihre Zwecke einsetzen.

Alles eine Frage des Schwerpunkts

Unter den Turbanschnecken haben Wissenschaftler schon zwei Arten beobachtet, die Steine als Werkzeuge benutzen. Obwohl sie selbst recht klein sind: nur drei Zentimeter groß und zehn Gramm schwer. Und langsam – das sagt schließlich auch die Redensart «Du bist ja langsam wie eine Schnecke!». Dennoch kann es passieren, dass sie auf ihren Fresstouren mal umstürzt. Schlecht für die Schnecke, gut für ihre Feinde. Ein Stein muss her, aber schnell! Mit ihrem Fuß sucht die Schnecke dann nach einem geeigneten runden Stein, den sie geduldig und gekonnt ans Ende ihres Fußes platziert. So wird ihr Schwerpunkt verlagert – und wenn die Schnecke dann beherzt mit dem Fußende ausholt, landet sie wieder sicher in der Waagrechten. Auch flache Steine sind bei den Turbanschnecken als Werkzeuge begehrt. Sie werden als Schaufeln verwendet oder in den Meeresboden eingegraben. Dort nutzt die Schnecke sie als Stütze, wenn sie ihren Körper drehen möchte.

Braune Turbanschnecke

Schwarze Turbanschnecke

Auf großem Fuß

Turbanschnecken sind Gehäuseschnecken, die wie alle anderen Schneckenarten zu den Weichtieren gehören. Ihr Körper ist, wie der Name verrät, weich. Er besteht aus Kopf, Herz, Eingeweidesack, einem muskulösen Fuß (meist eine breite Kriechsohle) und einem Mantel. Bei den Gehäuseschnecken bezeichnet man die kalkige Schale, die der Mantel ausstößt, auch als «Schneckenhaus».

Na so was: Kleine Architekten

Mit Muschelschalen haben Lastträgerschnecken oft Großes vor: Sie kleben mehrere von ihnen in Form eines Kreises mit körpereigenem Kitt auf ihr Gehäuse. Mit diesem «Zusatzdach», das manchmal auch aus kleinen Steinchen besteht, erhöhen sie die Stabilität ihres Häuschens.

Der *Seeotter*: Besser als die Panzerknacker-Bande

Mit seinem plüschigen Fell, den hübschen Knopfaugen und seinem verspielten Wesen hat der Seeotter viele Fans. Und wie friedlich er wirkt, wenn er mal Pause macht und gemütlich mit dem Bauch nach oben in der Sonne schwimmt. Lasst euch davon nicht täuschen – denn er ist: ein Raubtier. Das enormen Appetit auf Seeigel, Schnecken, Muscheln und Fische hat.

Harte Schale, weicher Kern

Seeohren, im Meer lebende Großschnecken, mögen Seeotter besonders gern. Doch diese Schnecken haben nicht nur eine extrem harte Schale, sondern heften sich bei Gefahr auch unter Wasser an Felsen an. Dabei saugen sie sich mit ihrem Fuß an dem Gestein so sehr fest, dass sie nur mit allergrößter Anstrengung davon wegzuziehen sind. Was macht der clevere Seeotter, um doch an seine Leibspeise zu kommen? Er nimmt einen schweren Stein und schlägt die Schnecken wie mit einem Hammer vom Felsen. Besonders widerspenstigen Schnecken hämmert er sogar ein Loch in deren harte Schale, um an das zarte Muskelfleisch zu kommen. So ein Seeotter ist ein richtiger Kraftprotz: Sein Werkzeug-Stein kann weit mehr als ein Kilogramm wiegen! Seeotter setzen Steine aber auch als Ambosse ein. Dann etwa, wenn sie in Rückenlage einen Stein auf ihrem Bauch balancieren und ihre Beute so lange daraufschlagen, bis deren Schale bricht.

Seeotter-Steckbrief

Seeotter leben an der Pazifikküste in Nordamerika. Sie zählen zu den Mardern – genau wie ihre Verwandten, die an Süßwasserseen und -flüssen lebenden heimischen Fischotter, die Riesenotter des südamerikanischen Regenwalds und zehn weitere Otter-Arten. Da alle Otter im Wasser leben, werden sie manchmal auch als Wassermarder bezeichnet.

Na so was: Gib mir Meer!

Seeotter können Salzwasser trinken. Das vertragen auf Dauer sonst nur ganz wenige Tiere und wir Menschen schon gar nicht! Denn die großen Nieren des Seeotters filtern das Wasser und scheiden das Salz darin wieder aus. Wie zeitsparend, wenn man sein Badewasser trinken kann und zum Wasserholen keinen extra Landgang einlegen muss.

Der Elefant: Alles im Griff, Großer!

Alles an einem Elefanten ist: einfach riesig! Sein auffälligster und zugleich großartigster Körperteil ist sein Rüssel – die längste und schwerste Nase im Tierreich. Mit dem Rüssel können Elefanten tasten, fühlen, riechen, essen, trinken, greifen und atmen. So eine Supernase ist aber auch gut dazu geeignet, sich aneinander festzuhalten. Oder sie dient als Schnorchel. Sogar Sand und Wasser aufsaugen und wie mit einem Schlauch in die Gegend spritzen kann man mit diesem Wunderteil. Wie herrlich das kühlt!

Mit Stock und Stein!

Äste und Holzstöckchen finden Elefanten als Werkzeuge besonders nützlich. Denn mit ihnen können sie sich hervorragend kratzen, wenn es irgendwo juckt. Manchmal knicken Elefanten mit ihrem Rüssel sogar ganze Äste vom Baum ab, um damit wie mit einem Wedel lästige Fliegen zu vertreiben. Und bei großer Hitze fächeln sie sich mit Grasbüscheln und großen Blättern Luft zu. Noch viel raffinierter aber ist es, wenn Elefanten Druckluft aus ihrem Rüssel gezielt einsetzen. Etwa, um sich mit Luftstößen gegenseitig Futter in Reichweite ihres Rüssels zu pusten. Und wenn sie sich bedroht fühlen, packen sie Steine und schleudern sie auf ihre Angreifer. Sie bewerfen sogar Elektrozäune, um deren Stromleitung zu unterbrechen – ein genialer und intelligenter Trick!

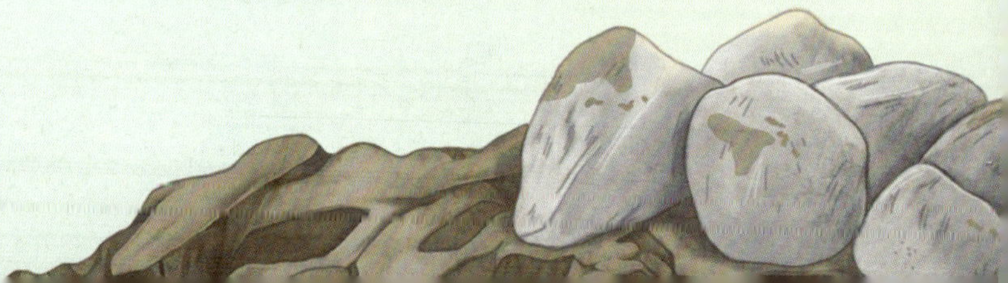

Elefanten-Steckbrief

Elefanten leben in Afrika und Asien und zählen zu den größten und schwersten Landsäugetieren. Um Afrikanische und Asiatische Elefanten voneinander zu unterscheiden, muss man sich ihre Ohren anschauen: Afrikanische Elefanten haben viel größere Ohren als ihre asiatischen Verwandten. Und: Der Asiatische Elefant

hat einen Rüsselfinger, der Afrikanische Elefant zwei.

Na so was: Schützende Schlammpackung

Ein Elefant verwendet nicht nur Werkzeuge, sondern auch Werkstoffe. Zum Beispiel Lehmklumpen und Schlamm. Die grauen Riesen packen sie sich mithilfe ihres Rüssels auf ihre Wunden oder wälzen sich darin. Solche Kuren lassen Wunden schneller heilen. Die Schlamm- oder Lehmschicht schützt aber auch gegen Ungeziefer und Sonnenbrände.

Der *Schimpanse*: König der Handwerker

Egal, ob beim Jagen, Essen oder Kämpfen: Schimpansen setzen bei vielen Gelegenheiten Hilfsmittel ein, um es leichter zu haben. Genau wie wir Menschen stellen sie Werkzeuge sogar selbst her.

Im Reich der Werkzeugmacher

Das Affenkind greift sich die Nuss – und weiß nicht, was es machen muss. Denn die Schale ist so hart, und die Hände noch so zart. Es denkt: «Das ist doch echt ein Mist – Mama, zeig mir, was zu machen ist!» Die Mama greift sich einen Stein, und haut die Schale kurz und klein. Ja, so einfach geht's, um an das saftige und leckere Innere von Früchten zu kommen. Was man als kleiner Menschenaffe aber auch erst mal lernen muss ... Zum Glück wissen Schimpansen schon seit mindestens 4300 Jahren, dass man Steine wie Hammer und Amboss einsetzen kann, um Nüsse zu zertrümmern. Auch im Einsatz von Stöckchen sind sie Weltklasse: Mit ihnen angeln sie Termiten aus ihren Baum-, Erd- oder Hügelnestern oder holen Honig aus Bienenstöcken. Oder sie machen sich Zahnstocher aus dünnen Ästen, die sie auf die richtige Größe zurechtstutzen.

Schimpansen können auch vorausdenken und planen. Sie basteln sogar Werkzeuge auf Vorrat, die sie bei Bedarf an den jeweiligen Ort ihres Einsatzes mitnehmen. Zum Beispiel auf die Jagd. Dafür schnitzen sie sich Speere aus Ästen, deren Enden sie mit ihren Zähnen so lange bearbeiten, bis sie richtig spitz und scharf sind. Davon haben sie immer ein paar bereitliegen, denn Schimpansen müssen sich auch verteidigen können. In einem Zoo hat ein Schimpanse mit einem langen Stock sogar mal eine Flugdrohne vom Himmel geholt.

Schimpansen-Steckbrief

Schimpansen leben in Afrika. Sie sind die nächsten Verwandten des Menschen. Wie wir handeln sie oft selbstlos, teilen zum Beispiel ihr Essen oder passen auf den Nachwuchs anderer auf. Sie adoptieren sogar verwaiste Schimpansenkinder und kümmern sich hingebungsvoll um sie.

Na so was: Tiere mit Tradition

Wie alle Menschenaffen geben auch Schimpansen ihr erlerntes Wissen von Generation zu Generation weiter. So lernt ihr Nachwuchs schnell, welches Werkzeug in welchen Situationen hilft und wie es zu bedienen ist. Aber auch spontanes Lernen ist bei diesen hochintelligenten Tieren keine Seltenheit.

Der *Orang-Utan*: Werkzeugmacher und Heilpraktiker

Orang-Utans sind wahre Meister im Gebrauch von Werkzeugen. Ob aus Holz oder Stein – sie wissen immer, wie man Gegenstände sinnvoll einsetzen kann. Oft brauchen sie dazu nicht mal eine «Bedienungsanleitung» in Form eines Vorbilds, bei dem sie sich das Verhalten abschauen könnten. Tatsächlich kommen sie auch spontan und von allein auf die zündende Idee.

Die Holzhammer-Methode

Wie Schimpansen, Kapuzineraffen und Makaken setzen Orang-Utans Dinge aus ihrer Umgebung gern als Hammer ein, um damit Nüsse zu knacken. Auch Paviane nutzen Steine, um Nüsse und Schalentiere zu öffnen. Und Steine und Früchte, um sich gegen Angreifer zu wehren. Orang-Utans jedoch können noch viel mehr: Sie kennen den Gebrauch von Schneidewerkzeugen, um schwer zugängliche Futterquellen zu öffnen. Spitze Steine sind dafür ganz wunderbar geeignet – das weiß ein Orang-Utan genau. Es wurden sogar schon Tiere beobachtet, die sich derartige Werkzeuge selbst herstellen, indem sie Steine auf einen harten Untergrund schlagen. Orang-Utans verwenden Äste auch als Fliegenwedel – und im Zoo klopfen sie damit sogar die Halterungen ihrer Schlafnester an Metallstangen fest.

Orang-Utan-Steckbrief

Orang-Utan heißt übersetzt: Waldmensch. Er zählt zu den Menschenaffen und ist nah mit uns verwandt. Orang-Utans gehören zu den größten auf Bäumen lebenden Säugetieren. Ihre Heimat sind Borneo und Sumatra, zwei Inseln in Südostasien. Jeden Abend bauen sie sich neue Schlafnester in den Bäumen. Leider sind die Tiere vom Aussterben bedroht, denn die Menschen machen Jagd auf Orang-Utans und holzen ihren natürlichen Lebensraum, den Regenwald, immer weiter ab.

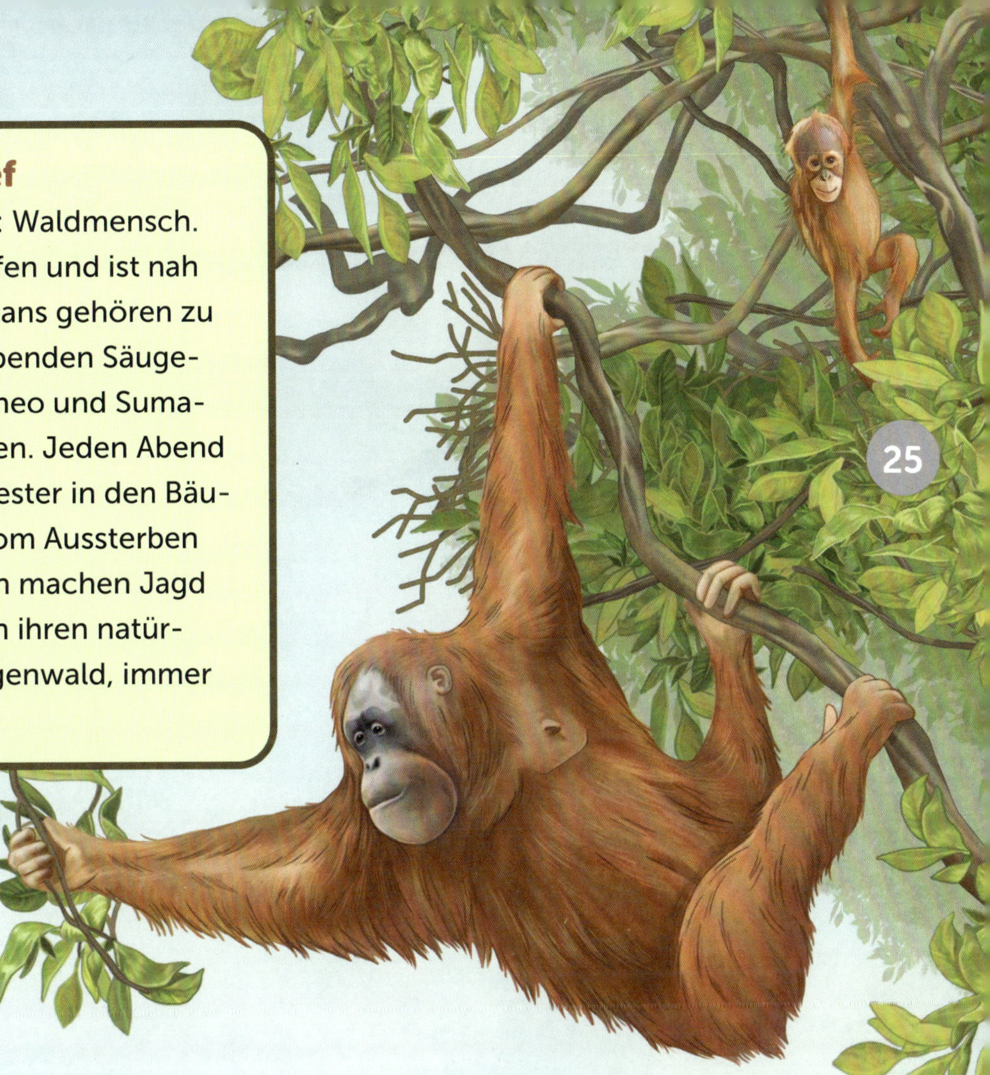

Na so was:
Salbenkuren in der Wildnis

Was macht ein Orang-Utan, wenn ihn seine Gelenke schmerzen? Er betätigt sich als Heilpraktiker, sucht im Dschungel nach einer ganz speziellen Pflanze namens *Commelina* und rührt aus deren Blättern und seiner Spucke eine Paste an, die Entzündungen bekämpft. Das hilft tatsächlich gegen sein Rheuma! Denn darunter können auch Menschenaffen leiden.

Der Gorilla: Herr der Stöcke

Gorillas haben etwas, das ihnen im Vergleich zu anderen Menschenaffen wie Schimpansen, Bonobos und Orang-Utans einen großen Vorteil verschafft: Sie haben den richtigen Biss! Dank speziell ausgebildeter Muskeln in ihrem Schädel können sie derart kräftig zubeißen, dass sie selbst die härtesten Fruchtschalen knacken.

Hol das Stöckchen, Kumpel!

Ob in freier Wildbahn oder im Tierpark: Beobachtet man Gorillas eine Weile, merkt man schnell, dass sie ein Lieblingswerkzeug haben. Eines der einfachen Sorte – aber eines, das vielfältig einsetzbar ist: einen Stock. Nicht nur, dass sie damit nach Termiten stochern oder nach Futter angeln und so an Früchte gelangen, die sie sonst nie erreicht hätten. Mehr noch: Sie nutzen Holzstöcke auch als stützende Krücke, wenn sie verletzt sind, als Wanderstock, wenn sie ihren Lebensraum zur Futtersuche durchstreifen, und als Messlatte, um die Tiefe von Tümpeln auszuloten, die sie durchqueren wollen. Es wurden schon Gorillas beobachtet, die Stöcke abbrechen, sie mit beiden Händen in den Boden rammen und sich dann mit einer Hand daran festhalten. Mit der anderen ernten sie in aller Ruhe Wasserpflanzen ab. Gorillas haben sogar erkannt, dass sich mit Stöcken, wenn man sie quer vor sich hinlegt, Brücken oder Fußunterlagen bauen lassen.

Gorilla-Steckbrief

Gorillas leben in den Feucht- und Regenwäldern Afrikas und sind die größten Menschenaffen. Bis zu 270 Kilogramm kann ein ausgewachsener männlicher Gorilla wiegen und mit seinen starken Muskeln über 2000 Kilogramm an Gewicht stemmen – fast das Zehnfache seines eigenen Körpergewichts! Dennoch können Gorillas sehr filigran arbeiten, denn wie wir haben sie einen gut ausgebildeten Daumen, mit dem sie präzise greifen können und der ihnen eine große Fingerfertigkeit ermöglicht.

Na so was: Gut gebrüllt, Gorilla!

Während Schimpansen und Orang-Utans Stöcke auch verwenden, um sich Feinde vom Leib zu halten, benötigen Gorilla-Männchen keine Werkzeuge zur Verteidigung. Um Angreifer in die Flucht zu schlagen, reicht ihr furchterregendes Drohverhalten: sich zu voller Größe aufrichten, mit beiden Händen auf die Brust trommeln, gegen Bäume und Sträucher schlagen und fürchterlich losbrüllen.

Der Eisbär: Radau in der Arktis!

Eingepackt in ihr dickes, helles Fell tapsen Eisbären bestens geschützt durch die Arktis. Wie ungemütlich und lebensfeindlich diese Welt aus Eis und Schnee auf uns wirkt. Hier ist es immer kalt – und kalt bedeutet: richtig kalt! Zu fressen gibt es am Nordpol auch nicht viel. Da muss man schon gute Ideen haben, um etwas in den Magen zu bekommen.

Kugelstoßen für Fortgeschrittene

Zum Glück wissen Eisbären genau, wo es feine Häppchen gibt: im Wasser unter der dicken Eisschicht. Dort schwimmen fette Robben herum. Nur, wie kommt man als Landbewohner an diese Leckerbissen? Robben sind Säugetiere und müssen daher regelmäßig auftauchen, um Luft zu holen. Und das machen sie in sogenannten Atemlöchern. Das sind Löcher im Eis, die die Robben immer offen halten. Entweder wartet der Eisbär geduldig ab, bis sich dort eine Robbe zeigt. Oder er beschleunigt das Auftauchen der Robben mit einem Trick – und Werkzeugen, die es hier in Hülle und Fülle gibt: Eisbrocken. Er schnappt sich ein paar von ihnen und donnert sie mit voller Wucht direkt auf die Atemlöcher. Das sorgt natürlich für eine ziemliche Erschütterung, und das soll es auch. Denn die Robben spüren das – und tauchen daraufhin neugierig auf. Nun genügt ein gezielter Hieb des Eisbären mit seiner kräftigen Pranke, und die Robbe ist erledigt. Und der Eisbär satt ...

Eisbär-Steckbrief

Der Eisbär ist das größte an Land lebende Säugetier der Arktis und eines der größten Landsäugetiere der Erde. Er lebt an den Rändern des Nordpolarmeeres und auf dem Meereis der angrenzenden Meere. Während der Packeiszeit im Winter ernährt er sich von Robben und Narwalen, während der kargen Sommerzeit von Gräsern, Beeren, Wurzeln, Vogeleiern, Vogelküken und Lachsen aus Süßwasserflüssen. Aber auch von angeschwemmten toten Walen.

Na so was:
Ein Eisberg als Materiallager

Forscher haben Eisbären sogar dabei beobachtet, wie sie Eisbrocken extra von nahe liegenden Eisbergen abschlagen und ein paar Meter weit bis zum Atemloch der Robbe rollen. Manchmal werfen die kräftigen Tiere die Eisklumpen sogar gezielt auf den Kopf des auftauchenden Tieres. Hammerhart, was diese Bären draufhaben!

Das Schwein: Saustark und sauclever

Schweine sind sehr selbstbewusst. Sie können sich im Spiegel als eigene Persönlichkeit erkennen – was für Verhaltensforscher ein wichtiger Hinweis auf vorhandene Intelligenz ist. Und sie haben sogar den Gebrauch von Werkzeugen in ihren Alltag eingebaut.

Schweine lieben Playstation

Oink, oink! Schweine mögen es gesellig und unterhalten sich gern. Doch oft heißt es bei ihnen einfach nur: Schnauze halten – und loslegen! Denn Schweine können ihren Rüssel fast wie eine Hand einsetzen und erkunden damit ausdauernd ihre Umgebung. Zur Nahrungssuche etwa. Schweine sind Allesfresser und futtern mit Begeisterung Insekten, Würmer, Schnecken Pilze und Wurzeln, die im Boden verborgen sind. Da muss man den Boden schon ein wenig aufwühlen, um an die Leckereien zu kommen. Und das geht deutlich leichter, wenn man sich ein Werkzeug schnappt, das beim Graben und Wühlen hilft. Und was findet ein Schwein im Wald in großen Mengen? Genau: Rinde von Bäumen. Also halten sie einfach ein Stück Rinde mit Rüssel und Zähnen fest, und dann wird ordentlich gewühlt! In einem Versuch konnten Schweine mit ihrer Schnauze sogar einen Joystick bedienen und damit auf einem Bildschirm einen Cursor bewegen. Das weiß man aber erst seit einigen Jahren …

Na so was:
Antreten zum Schlammbad

Auch bei Wildschweinen ist Körperpflege ein Muss. Dabei helfen stabile Bäume mit rauer Rinde: Denn wenn sich die Schweine in Schlammkuhlen gesuhlt haben, können sie sich an den Baumborken ihre Dreckkruste wie mit einer Bürste abreiben.

Schweine-Steckbrief

Trickreich, anpassungsfähig, robust und klug: Wildschweine sind viel mehr als urige Waldschweine. Den meisten Teil des Tages verbringen sie damit, Nahrung zu suchen. Das müssen die in Ställen gehaltenen Hausschweine natürlich nicht. Doch ganz gleich ob Hausschwein oder Wildschwein: Schweine gehören zu den schlausten Säugetieren der Welt. Manche Experten gehen davon aus, dass sie genauso intelligent wie Hunde sind – und sogar mehr Kommandos lernen können als diese.

Die Krähe: Schau, wie schlau!

Krah, krah – wenn Krähen unterwegs sind, sind sie kaum zu überhören. Doch manchmal schweben die Vögel wie schwarze Schatten lautlos über uns hinweg. Oft haben sie dann Nüsse im Schnabel, die sie im Herbst mit großer Leidenschaft sammeln. Nicht selten fliegen uns sogar ein paar davon um die Ohren. Zum Beispiel, wenn Krähen mit Schwung die Nüsse aus dem Flug gegen eine Mauer schleudern. Oder sie uns direkt vor die Füße werfen. In der Hoffnung, dass wir darauf treten und Nussknacker für sie spielen.

Autos als Werkzeuge

In Städten kann man noch einen anderen Trick beobachten, wie die intelligenten Krähen an das weiche Innere harter Nüsse gelangen. Da sitzen sie oft mit der Nuss im Schnabel auf Ampeln. Und warten. Darauf, dass die Ampel rot wird. Dann fliegen sie los und legen die Nüsse vor die stehenden Autos. Sobald die Ampel auf Grün wechselt, übernehmen die Autos die Arbeit und knacken die Nüsse. Wenn die Ampel ein weiteres Mal auf Rot springt, klauben die Krähen ihr frisch geknacktes Futter von der Straße.

Krähen stochern auch mit Stöckchen nach Insekten und knicken sich dazu Hölzchen zurecht. Versuche haben gezeigt, dass Neukaledonienkrähen und Hawaiikrähen sich sogar Drähte zu Werkzeugen biegen.

Rabenkrähe

Neukaledonienkrähe

Krähen-Steckbrief

Krähen gehören zur Familie der Rabenvögel. Mitglieder dieser Familie sind auch Kolkraben und Dohlen. Rabenvögel sind allerdings nicht immer schwarz. Die Elster und der rötlich braune Eichelhäher etwa heben sich mit schwarz-weißem Gefieder (Elster) oder schwarz-weißen Flügelzeichnungen und blau schillernden Flügelfedern (Eichelhäher) von anderen Rabenvögeln ab.

Elster

Na so was: Gärtner des Waldes

Eichel- und Tannenhäher gelten als beste Gehilfen des Försters. Denn im Herbst vergraben die Häher Tausende von Bucheckern, Eicheln, Hasel- und anderen Nüssen als Vorräte für die kalte Winterzeit. Doch sie finden nicht alle davon wieder. Aus den vergessenen Samen wachsen dann neue Waldbäume heran – und damit forsten die fleißigen Vögel ohne Hilfe von uns Menschen die Wälder auf.

Eichelhäher

Der *Buntspecht*: Hämmern, bis sich die Balken biegen

Der Buntspecht zählt zu den größten Baumeistern in der Vogelwelt. Jedes Jahr zimmern die Vögel für ihren Nachwuchs Bruthöhlen ins Innere von Baumstämmen. Dazu hacken sie eine Röhre von etwa sechs Zentimetern Durchmesser ins Holz, die sie ab der Mitte des Stammes nach unten zu einem Hohlraum erweitern – und alles nur mit dem Schnabel. Bis zu 20 Schläge pro Sekunde bekommen sie dabei hin. Was für eine Leistung!

Knackt die Schale, springt der Kern

Was würdet ihr tun, wenn ihr an das leckere Innere einer Nuss gelangen wollt, die harte Schale öffnen möchtet, aber keine Hände habt, um die Nuss festzuhalten? Sondern nur einen Schnabel? Die Nuss auf einen harten Gegenstand werfen vermutlich. Oder mit einem harten Gegenstand auf die Nuss hauen. Oder sie von weit oben auf einen harten Untergrund fallen lassen und hoffen, dass sie beim Aufprall auseinanderbricht. All das machen tatsächlich viele Tiere. Der Buntspecht aber hat noch einen weiteren Trick auf Lager: Er klemmt die Nuss einfach in einen Spalt und hämmert mit seinem Schnabel so lange gezielt darauf herum, bis die Schale bricht. Das Gleiche macht er mit Zapfen von Nadelbäumen, um an deren Samen zu kommen. Meistens befinden sich diese sogenannten «Spechtschmieden» an Ästen und Stämmen von dicken Bäumen. Man nennt sie so, weil sie an den Amboss eines Schmieds erinnern.

Buntspecht-Steckbrief

«Trrrrrrr» – den Buntspecht hört man oft, bevor man ihn sieht. Dabei ist er doch so hübsch mit seinen schwarz-weiß-roten Flügeln und dem roten Fleck auf dem Kopf des Männchens. Buntspechte lieben ältere Bäume, in die sie ihre Bruthöhlen hämmern können. Deshalb findet man sie meistens in Wäldern und Parks. Ihr Klopfen ist weit zu hören und zeigt allen: Hier wohne ich!

Na so was: Hey, das kann ich auch!

Vor dem phänomenalen Buntspecht muss sich die Singdrossel nicht verstecken – denn die Werkzeuge Hammer und Amboss setzt auch sie ein. Nicht auf Bäumen, wie der Specht, sondern auf Steinen, Felsen oder Mauern. Auf die schmettert sie Gehäuseschnecken mit solcher Wucht, dass deren Schalen brechen. Ihr Amboss wird auch «Drosselschmiede» genannt.

Der Papagei: Reich mal die Werkzeugkiste rüber!

Der Papagei, der Papagei: Er zählt ja schon bis drei! Und singt und pfeift dabei! Klar können das nicht alle Papageien, aber die, denen man es beigebracht hat, beherrschen es perfekt. Der berühmteste Graupapagei der Welt hieß Alex und konnte sogar bis sechs zählen. Dazu noch sieben Farben und fünf Formen unterscheiden. Und über 100 Wörter sprechen!

Mehr Kraft dank Hebel und Keil

Eine der schlausten Papageien-Arten ist der aus Indonesien stammende Goffin-Kakadu. Er verwendet nicht nur Werkzeuge, er stellt sie sogar selbst her, wenn er sonst nichts Geeignetes findet. Zum Beispiel, wenn er an leckere Nüsse und Früchte gelangen will, an die er mit seinem langen Schnabel nicht ohne Weiteres herankommt oder die schwer zu öffnen sind. Als Werkzeuge nutzt der Kakadu meist Teile von Ästen, die er mit seinem Schnabel abbeißt und in die richtige Form bringt. Damit kann er dann Samen von Früchten aus ihrer Hülle hebeln. Oder er setzt sein selbst gebautes Werkzeug wie einen Keil ein, um den Spalt zwischen Samen und Hülle zu verbreitern. Anschließend holt er mit dem Schnabel die Samen heraus. Lecker!

Papageien-Steckbrief

Über 350 verschiedene Papageien-Arten gibt es auf der Welt. Es sind neugierige und verspielte Vögel, die generell als sehr intelligent gelten. Ihr Zuhause ist meist der Regenwald, und sie alle haben ein Merkmal gemeinsam: den kräftigen, stark gekrümmten Oberschnabel. Als körpereigenes Werkzeug nutzen Papageien ihn nicht nur beim Knacken harter Schalen, sondern auch bei der Pflege ihres Gefieders und beim Bau und Aushöhlen von Nistlöchern. Und beim Festhalten sowie Klettern an Bäumen funktioniert der Schnabel fast wie ein «dritter Fuß».

Na so was:

Echte Gedächtniskünstler

Man hat Papageien beobachtet, die sich Formen und Farben merken und diese auch voneinander unterscheiden können. Mehr noch: Sie können sich sogar an Gegenstände erinnern, die sie zuvor schon einmal gesehen haben. Und diese dann aus dem Gedächtnis nachbauen. Was für unglaubliche Superhirne!

Der *Spechtfink*: Ganz schön verbohrt

Im Essen herumstochern – das tut man doch nicht! Aber wenn sich das leckere Futter nun mal in Löchern oder hinter Baumrinden befindet und man nicht anders herankommen kann, als mit einem Stöckchen darin herumzubohren, sieht die Sache natürlich völlig anders aus ...

Spechtfink

Spechtfink-Steckbrief

Der Spechtfink lebt auf den Inseln des Galápagos-Archipels, auf denen auch viele andere seltene Tiere und Pflanzen zu Hause sind. Wegen seines geschickten Gebrauchs von Dornen und Stöckchen wird er auch Werkzeugbaumfink genannt.

Essen mit Stäbchen

Der Spechtfink bohrt und stochert für sein Leben gern! Alles, was er dazu braucht, ist ein Stöckchen oder ein Dorn von einem Kaktus. Den packt er mit seinem Schnabel und fliegt los – immer auf der Suche nach kleinen Löchern, in denen sich seine Leibspeise befinden könnte: leckere Insekten oder ihre Larven. Mithilfe seines Werkzeugs untersucht er die Verstecke genau. Und wehe den Insekten, die der Spechtfink darin entdeckt – sie werden blitzschnell an seinem Stöckchen aufgespießt oder aus dem Loch gehebelt. Bei der Auswahl seines Essbestecks geht der Spechtfink übrigens sehr zielgerichtet und

planvoll vor. Haben sich Stöckchen als zu kurz erwiesen, werden sie aussortiert, zu lange passgenau eingekürzt, verzweigte abgezwickt. Besonders gut geeignetes Werkzeug wird schnell zum Lieblingswerkzeug und nicht nur einmal, sondern mehrmals verwendet. Um den Gebrauch von Stäbchen bei Vögeln beobachten zu können, müsst ihr aber gar nicht mal bis in die Heimat der Spechtfinken reisen. Manchmal zeigen auch unsere heimischen Meisen dieses raffinierte Verhalten. Statt Dornen von Kakteen verwenden sie Tannen- und Fichtennadeln, die erfüllen den gleichen Zweck.

Blaumeise

Na so was: Frisch aufgespießt!

Manche Vögel verwenden spitze Gegenstände wie Stacheln, Dornen und kurze Äste auch dazu, gefangene Insekten wie mit einer Lanze aufzuspießen – um sie besser zerteilen zu können, aber auch zur Vorratshaltung. Bei uns machen das Raubwürger, Rotkopfwürger und Neuntöter. Ziemlich gruselige Vogelnamen, oder?

Raubwürger

Der *Seidenlaubenvogel*: Komm in meine Laube!

Im Nester-Bauen sind Vögel wahre Meister. Doch eine Art schießt hier sprichwörtlich den Vogel ab: der Seidenlaubenvogel. Sein Nest ist ein Paradebeispiel für eine perfekte Liebeslaube. Es wird allein vom Männchen gebaut. Und das mit großem Aufwand!

Seidenlaubenvogel-Steckbrief

Die Heimat des Seidenlaubenvogels ist Australien. Der Singvogel lebt in Regen- und Eukalyptuswäldern an der Ostküste des «roten Kontinents». Neben ihm gibt es noch 19 weitere Laubenvogel-Arten in Australien und auf Neuguinea. Jede von ihnen bevorzugt eine andere Farbe – je nachdem, ob ihre Weibchen auf Weiß, Grün, Rot oder andere Farben stehen.

Na so was:

Der besondere Blick

Vögel können etwas, das wir Menschen nicht können: Sie können ultraviolette Farbtöne sehen. Viele Vögel haben deshalb auch Ultraviolett in ihrem Gefieder.
So wirkt das Seidenlaubenvogel-Männchen für uns Menschen schwarz, doch für seine Artgenossen sind die leuchtenden UV-Farbtöne in seinem Federkleid besonders auffällig und anziehend. Vor allem für die Vogel-Weibchen.

Ein echter Blaumacher

Mit dem Bauen seiner Laube allein gibt sich ein Seidenlaubenvogel aber nicht zufrieden. Sie muss auch gut aussehen, denn das Vogel-Männchen weiß: Seidenlaubenvogel-Weibchen lieben ein hübsches Zuhause. Deshalb gibt er sich viel Mühe, sein Heim zu verschönern. Ob Federn, Käferflügel, Schneckenhäuser, Blüten, Beeren oder Wäscheklammern – nichts bleibt von seiner Sammelwut verschont. Die Gegenstände müssen nur eine Voraussetzung erfüllen: Sie müssen blau sein! Und wenn nicht genug blaues Baumaterial zu finden ist? Dann färbt er es einfach. Stöckchen gibt es schließlich genug in seinem Lebensraum. Deren Rinde kann man wunderbar bündeln und daraus einen Pinsel basteln. Ein paar blaue Beeren zermatschen, etwas Spucke dazu, den Pinsel darin eintunken und auf geht's zum fröhlichen Bemalen der Hütte. Schön, dass die Anstrengungen des Männchens fast immer belohnt werden. Spätestens dann, wenn kleine Seidenlaubenvogel-Küken das Licht der Welt erblicken …

Insekten: Sechsbeinige Superhelden

Saugen und stechen, bohren und baggern, beißen und balzen, kämpfen und knacken – was Insekten mit ihren körpereigenen Werkzeugen alles machen können, ist rekordverdächtig. Manche der kleinen Krabbel- und Flugkünstler gehen sogar noch einen Schritt weiter: Sie nehmen sich Materialien aus ihrer Umgebung zu Hilfe.

Insekten-Steckbrief
Insekten sind die artenreichste Tiergruppe der Welt. Zwei Drittel aller Tierarten sind Insekten. Allein 400000 verschiedene Arten von Käfern gibt es – die damit die artenreichste Gruppe innerhalb der Insekten sind!

Vorsicht, Falle!

Mit viel Glück könnt ihr im Sommer in alten Eichenwäldern beobachten, wie Hirschkäfer-Männchen krachend aufeinander losgehen. Die größten Käfer Europas verwenden ihre Geweihe als Waffen, um Rivalen vom Ast zu stoßen.

Vielleicht kennt ihr auch die tropischen Blattschneiderameisen, die mit ihren Mundwerkzeugen riesige Blätter in tragegerechte Stücke schneiden und in ihren Bau schleppen? Auch die langen Saugrüssel der Schmetterlinge und die Stacheln von Bienen sind tolle Körperteile, die Insekten geschickt einsetzen. Sie benutzen aber auch Werkzeuge im echten Sinn. Grabwespen etwa können Steinchen oder Holzstückchen gut gebrauchen. Damit stampfen sie den losen Sand über ihren Boden-Brutkammern fest.

Manche Ameisen nutzen ebenfalls Sand und Erdklümpchen. Aber nicht in friedlicher Absicht wie die Grabwespen. Im Gegenteil: Sie packen sie mit ihren kräftigen Kiefern und bombardieren damit die Eingänge von Erdbienen-Nestern, um sie zu plündern.

Auch Ameisenlöwen führen selten Gutes im Schilde: Die Larven der libellenähnlichen Ameisenjungfern, die so völlig anders aussehen als die ausgewachsenen Insekten, leben räuberisch. Mit ihren Zangen graben sie Trichter in den Sand, setzen sich hinein – und warten. Darauf, dass andere Insekten in ihre Falle stürzen. Damit die auch bis zum Grund des Trichters rutschen, benutzen die Ameisenlöwen Sand, den sie immer wieder auf ihre Beute schleudern.

Na so was: Ab auf die Waage!

Unglaublich, aber wahr: Würde man alle Ameisen zusammen wiegen, wäre ihr Gesamtgewicht größer als das aller derzeit lebenden Menschen.

Arbeiten mit Ködern:
Die Angler unter den Tieren

Angler wissen, wie es geht: Sie binden einen Wurm, eine Made oder etwas anderes, das für einen Fisch wie ein leckeres Beutetier aussieht, als Köder an ihre Angel. Und schwups beißt der Fisch an! Falls ihr jetzt denkt, die Menschen haben das Arbeiten mit Ködern erfunden, irrt ihr euch. Denn es gibt einige Tiere, die genau das auch draufhaben ...

Tricksen und täuschen

Grünreiher, Rallenreiher und Mangrovenreiher stehen den menschlichen Anglern in nichts nach, was die Technik des Beuteangelns betrifft: Sie werfen Fliegen und andere Leckereien ins Wasser, um Fische anzulocken. Die Vögel wenden damit die Technik des Köderns an – was nichts anderes bedeutet, als Beute mit etwas anzulocken, das nicht zum eigenen Körper gehört. Meistens setzen sie kleine Beutetiere ein, um an größere Beute zu kommen. Sie opfern also ihr Futter, um sich größere, nahrungsreichere Beute zu beschaffen.

Eine sehr raffinierte Technik des Köderns haben sich Krokodile ausgedacht: Sie wissen nämlich genau, was Vögel wie der Reiher, der mit Vorliebe auf ihrem Speisezettel steht, brauchen: viele kleine Stöckchen, um ihr Nest zu bauen. Deshalb schnappen sich Krokodile im Wasser schwimmende Stöckchen, die sie als Köder auf ihren Schnauzen balancieren – und tauchen so weit unter, dass nur noch das Stöckchen zu sehen ist. Kommt der Reiher dann herbeigeflogen, schlagen sie zu. Was für ein unglaubliches Täuschungsmanöver!

Mississippi-Alligator

Na so was:
Wanze auf der Lauer!

Auch Insekten arbeiten manchmal mit Ködern. Manche mittel- und südamerikanischen Raubwanzenarten zum Beispiel. Sie lassen leere Termitenhüllen über Termiten baumeln, die ihre Nester in Bäumen bauen. Damit angeln sie sich weitere Termiten, die nach den leeren Hüllen ihrer toten Artgenossen greifen. Denn, Achtung gruselig: Termiten fressen ihre Toten auf. Aber wie kommen die Raubwanzen an die leeren Termitenhüllen? Ganz einfach: Sie nutzen geschickt eine Verhaltensweise der Termiten aus. Denn diese öffnen manchmal die Außenhaut ihres Nestes, um anzubauen. Und werden dann von den am Rand des Nestes wartenden Raubwanzen überwältigt und ausgesaugt.

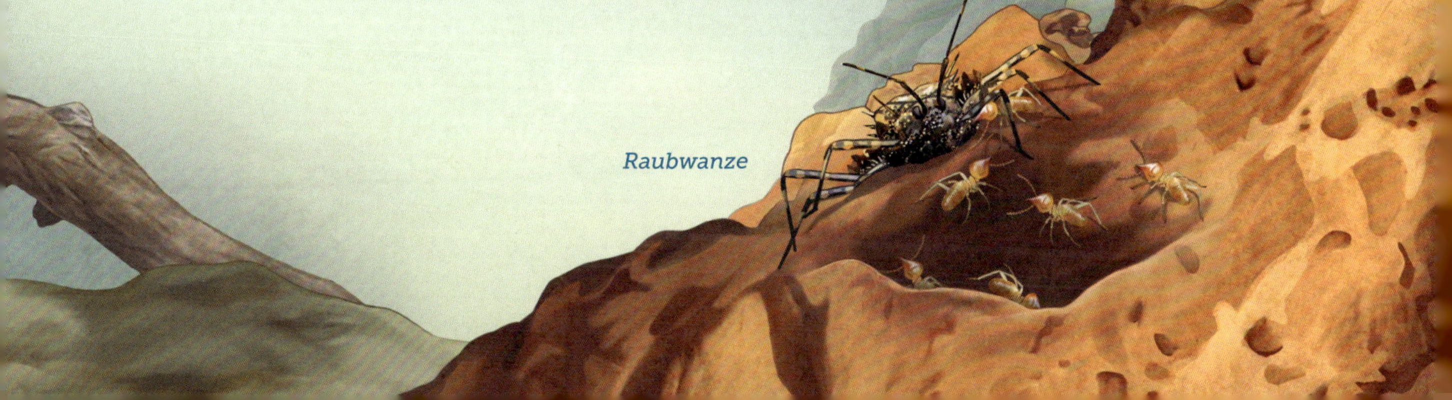

Raubwanze

Tierische Heilmittel

Ob im tiefsten Wald, in der Wüste, im Dschungel oder auf einem hohen Berggipfel: Meist gibt es dort keinen netten Arzt oder Apotheker, der sofort zur Stelle ist, wenn es einen mal zwicken oder zwacken sollte. Dafür hält die Natur allerhand bereit, um sich selbst zu helfen.

Die wilde Apotheke der Tiere

Wenn sie es könnten, würden viele Tiere uns auslachen, wenn sie sähen, was wir bei Ausflügen in die Wildnis so alles in unseren Rucksack packen: Cremes gegen Sonnenbrand, Mückenabwehr-Sprays, Tabletten gegen Durchfall, Kopfweh und Schmerzen, Wundsalben gegen Entzündungen und vieles mehr, was uns helfen soll, gesund zu bleiben. Denn die Natur selbst ist eine fantastische, reichhaltige Apotheke, und das machen sich die Tiere zunutze.
Sie verwenden Hilfsmittel aus ihrer Umgebung zur Gesundheitsvorsorge oder bei der Behandlung von Krankheiten, Schmerzen und Wunden.

Giraffe

Zum Beispiel suchen Schimpansen bei Durchfallerkrankungen oder Wurmbefall ganz gezielt nach einem Busch namens *Vernonia amygdalina*. Sie entrinden seine Äste, lutschen das gallenbittere Mark aus – und werden nach kurzer Zeit meist wieder gesund. Wie Forscher herausfanden, enthält das Gehölz Antibiotika und andere Stoffe, die das Immunsystem ordentlich auf Trab bringen. Schimpansen schlucken auch gern rauhaarige, pelzige oder borstige Blätter. Die werden zuvor noch fein säuberlich in Ziehharmonikaform gefaltet, damit besonders viele lästige Darmparasiten in den haarigen Spalten der hinuntergewürgten «Fusselbürste» kleben bleiben.

Schimpanse

Na so was: Heilerde-Kur

Um giftige Pflanzen fressen zu können – und deren Giftstoffe im Darm zu binden –, essen Menschenaffen und andere Affen ab und zu vorsorglich Erde. Manchmal mischen Schimpansen noch Blätter des Mahagoni-Gewächses *Trichilia rubescens* unter die Erde und töten damit Malaria-Erreger ab. Auch Giraffen, Nashörner und Elefanten kurieren mit Erde einen verdorbenen Magen. Und von Vögeln wie den bunten Ara-Papageien im Amazonasgebiet wissen wir, dass sie gern tonhaltigen Boden fressen. Denn der hebt die Wirkung der Gifte auf, die in vielen Samenpflanzen enthalten sind.

Scharlachara

Noch mehr tierische Heilmittel

Stummelaffe

Wenn es ums Entgiften der Nahrung geht, haben die Stummelaffen auf Sansibar noch eine zusätzliche, ziemlich raffinierte Methode drauf: Sie klauben Holzkohlestückchen aus verbrannten Bäumen oder Feuerstellen der Menschen und kauen auf ihnen herum. Das schmeckt zwar alles andere als lecker und ist auch nicht nährstoffreich. Aber die Kohle bindet Giftstoffe und macht auf diese Weise selbst unverdauliche Blätter genießbar. Das ist auch gut so, denn sonst wäre der Speiseplan der Stummelaffen ziemlich einseitig, da auf Sansibar neun von zehn Pflanzenarten für sie ungenießbar sind.

Andere Wildtiere wenden äußerlich tierische oder pflanzliche Hilfsmittel an: In Südamerika nutzen Kapuzineraffen das Gift eines Tausendfüßers zur Moskito-Abwehr. Wie eine Cremetube quetschen die Äffchen das Insekt aus, indem sie es fest mit den Fingern packen und über ihren Körper reiben.

Auch Nasenbären, wie etwa die Weißrüsselbären Nordamerikas, reiben sich ein: mit Zitrusölen und scharfen Baumharzen, die sie vor Insektenstichen schützen und Wunden schneller heilen lassen. Manche Hirscharten Nordamerikas schubbern sich mit ihren Wunden an bestimmten Baumarten mit desinfizierenden Harzen.

Kapuzineraffe

Weißrüsselbär

Auch Tiere in Europa kennen sich mit Pflanzen aus:

Heilkundige Tiere:

Rehe und Hirsche: Sie haben durch das Fressen von Getreide gelegentlich Verdauungsprobleme. Dagegen hilft die Rinde von Nadelholzbäumen: Die darin enthaltene Gerbsäure lindert die Beschwerden und unterstützt die Verdauung. Außerdem werden damit Würmer und andere Parasiten bekämpft. Rehe fressen zu diesem Zweck auch gern Rainfarn oder Beifuß.

Reh

Wapiti

Haustiere: Warum fressen Hunde und Katzen gelegentlich Gras? Ganz einfach: Damit behandeln sie Magenverstimmungen auf ihre Art, indem sie gezielt einen natürlichen Brechreiz hervorrufen.

Kluge Nestvorsorger:

Europäischer Star: Dieser Vogel baut Nester, in die er geschickt Heilpflanzen einwebt. Mit ihren ätherischen Ölen schützen sie den Nachwuchs vor Pilz-, Parasiten- und Bakterienbefall. Außerdem stärken diese Heilpflanzen auch das Immunsystem der jungen Stare. Schafgarbe, Wilde Möhre und Wiesenkerbel werden besonders gern zum Nestbau genutzt.

junge Stare im Nest

Gute Zeiten: Spaß am Spiel

Ach, das Leben kann oft doch sehr lustig sein. Auch viele Tiere zeigen, dass sie Spaß daran haben. Selbst wenn sie schon ausgewachsen sind, sitzt ihnen manchmal noch der Schalk im Nacken. Dann treiben sie jede Menge Unfug und verwenden dazu auch Gegenstände aus ihrer Umgebung. Um mit ihnen zu spielen – oder, was noch viel amüsanter ist: um damit andere aus ihrer Gruppe zu necken.

Die größten Spaßmacher unter den Tieren

Bei Haustieren wie Hunden und Katzen kann man den Spieltrieb besonders oft beobachten. Sie haben ihre helle Freude an Stöckchen, Klötzchen, Quietschtieren, Wollknäueln, Schuhen und vielem mehr, was sie gerade so erwischen können.

Auch wild lebende Tiere wissen, wie man sich vergnügt. Elefanten etwa haben großen Spaß daran, andere mit Wasser aus ihrem Rüssel zu bespritzen. Schweine spielen begeistert mit Bällen. Pandabären wurden dabei beobachtet, wie sie immer wieder verschneite Hänge hinunterrutschen. Affen hingegen kitzeln sich gegenseitig mit Stöckchen. Und Japanmakaken – das sind die Affen, die so gern in heißen Thermalquellen baden – rollen Schneebälle. Robben surfen auf Wellen, Delfine spielen mit Schwämmen und selbst geblasenen Luftringen. Auch Fische lenken sich mit Spielen ab. Wie die Doktorfische: Wenn ihnen langweilig ist, blubbern sie einfach ein paar Luftblasen aus. Die lassen sie dann in aller Ruhe nach oben steigen, bevor sie ihnen hinterherjagen.

Wer spielt, lernt fürs Leben

Vor allem bei den heranwachsenden Tieren nimmt das Spielen eine zentrale Rolle ein: Durch Spiel und Spaß werden Verhaltensmuster einstudiert, Muskeln trainiert und erprobt, was später einmal wichtig wird fürs Leben. Tiere, die ihre Beute erjagen müssen, lernen so auf spielerische Art, wie es geht – und auch, wie man später gegen Rivalen kämpft, die es auf die gleichen Beutetiere oder Weibchen abgesehen haben.

Na so was:
Schwing den Pinsel!

Es gibt sogar Tiere, die gern malen. Berühmt geworden ist Pigcasso, das malende Schwein, und der Schimpanse Congo, der im Fernsehen malte. Auch viele andere Tiere schwingen den Pinsel, wenn man sie lässt. Manche dieser Kunstwerke malender Elefanten, Delfine, Orang-Utans, Pferde und Otter werden teuer gehandelt.

Körpereigene Werkzeuge: Was die alles können!

Die meisten Hilfsmittel, die Tiere gezielt zum Greifen, Kämpfen, Bauen und für die Futtersuche benutzen, sind Körperteile, die für bestimmte Funktionen aus- oder umgebildet wurden. So wie bei uns Zähne, Arme und Hände. Tiere haben davon noch viel mehr zu bieten – sehr viel mehr!

Elch

Geht nicht, gibt's nicht

Die Rüssel von Elefanten und die Schnauzen von Delfinen und Schweinen habt ihr ja schon kennengelernt. Natürlich arbeiten viele Tiere auch mit Händen und Füßen, mit Mäulern und Zähnen. Manche haben sogar spezielle Mundwerkzeuge ausgebildet, wie zum Beispiel Schmetterlinge ihre Saugrüssel und Hirschkäfer ihre geweihförmigen Oberkiefer.

Auch die Gehörne und Geweihe bei Rehen, Hirschen, Elchen und Co. dienen als «Werkzeug»: vor allem zum Kräftemessen. Maulwürfe haben Grabhände zum Buddeln in der Erde, Hummer Scheren zum Greifen und Knacken und Biber sehr harte, mit Eisen verstärkte Schneidezähne zum Bäume-Fällen.

Maulwurf

Mindestens ebenso beeindruckend aber ist, was Vögel mit ihrem Schnabel alles machen können. Für den Nestbau ist dieses Körperteil zum Beispiel ganz wichtig – manche Vögel schaffen damit sogar richtige Kunstwerke – wie die Webervögel in Afrika.

Webervogel

Tukan

Der in den Regenwäldern Mittel- und Südamerikas lebende Tukan besitzt einen wahrhaft mächtigen Schnabel. Der ist innen hohl und dadurch sehr leicht, damit er den Vogel beim Fliegen und Schlafen nicht behindert – und ihn nicht vornüberkippen lässt. Mit diesem Wunderteil gelangt der Tukan wie mit einem verlängerten Greifarm an seine Lieblingsspeise: Baumfrüchte. Die pflückt er wie mit einer Pinzette und stochert ein Loch hinein, um an das saftige Fruchtfleisch zu gelangen. Ist es nicht toll, wenn man so eine große Klappe hat?

Na so was: **Nichts klebt besser**

Pfui Spinne? Von wegen, die Krabbeltiere sind ganz schön faszinierend! Und auch die kunstvoll gesponnenen Netze mancher Spinnenarten sind Werkzeuge. Wenn sich Beuteinsekten in den klebrigen Fäden verfangen, können sie sich meist nicht mehr daraus befreien.

Kreuzspinne

Tiere, die dem Menschen helfen: Ausdauernd und mit Superkräften

Die besonderen Fähigkeiten mancher Tiere werden von Menschen gern genutzt. Ob als Träger schwerer Lasten, als Helfer bei der Jagd, als ausgezeichnete Spürnasen oder als Zug- und Reittiere: Der Einsatz von Tieren im Dienst der Menschen war – und ist – allgegenwärtig.

Kamel

Tierische Unterstützer

Auf ein Transportmittel kann man sich selbst in der Wüste immer verlassen: das Kamel. Denn die Mitglieder der Kamelfamilie, also die zweihöckrigen Trampeltiere Asiens und die einhöckrigen Dromedare, die in Afrika, der Arabischen Halbinsel und weiten Teilen Asiens verbreitet sind, dienen als tüchtige Lasten- und Reittiere. Aus gutem Grund: Sie sind bestens angepasst an den extremen Lebensraum Wüste. Auf langen Beinen, mit Höckern als Fettspeicher und gepolsterten Fußsohlen traben sie gut gewappnet über den heißen Sand.

In Europa nutzten die Menschen vor allem Pferde, Esel und Ochsen als Arbeitstiere. Sie wurden vor Pflüge und Kutschen gespannt, als Lastenträger geschätzt oder beim Abtransport gefällter Waldbäume eingesetzt. In Asien haben die Rolle der Lastenträger und Reittiere Elefanten übernommen. Sie helfen – auch dank ihres langen Rüssels – beim Transport schwerer Gegenstände.

Asiatischer Elefant

Der allerbeste Freund des Menschen aber ist der Hund. Wegen seiner besonderen Fähigkeiten wird er auf der ganzen Welt als Jagdhelfer, Blindenführhund, Schlittenhund und Spürhund geschätzt.

Noch bessere Supernasen haben Honigbienen. Dank 60 000 Sinneszellen für Gerüche, die sie in ihren Fühlern tragen, können die emsigen Superschnüffler innerhalb weniger Stunden lernen, Drogen, Sprengstoffe und sogar manche Krankheitserreger zu erschnuppern. Und prima Honigmacher sind sie obendrein ...

Blindenführhund

Honigbiene

Na so was: Mal kurz ins Glas beißen

Hilft Gift gegen Schmerzen? Manchmal ja! Zum Beispiel das Gift der Klapperschlangen, das als Schmerz- und Betäubungsmittel sehr wirksam ist. Zum «Melken» der Giftschlange bietet man ihr ein Glas an, über das eine Plastikfolie gespannt ist. Sie schlägt die Zähne in die Folie, und ihr Gift spritzt in den Becher. Auch Mittel gegen Rheuma und Gicht, Blutverdünner und Gegengifte werden aus dem Gift verschiedener Schlangenarten gewonnen.

Klapperschlange

Echt stark:
Tiere, die wie Werkzeuge heißen

Menschen waren schon immer sehr erfinderisch, wenn es darum ging, Tieren passende Namen zu geben. Oft waren auch Werkzeuge Vorbilder bei der Namensfindung – meist dann, wenn die Form eines Tieres oder eines seiner Körperteile an ein handwerkliches Gerät erinnern.

Gabelweihe

Vögel: Mit Löffel und Gabel

Säbelschnäbler: Vögel mit gebogenem Schnabel gibt es viele. Besonders vorwitzig trippelt der Säbelschnäbler daher. Denn sein nach oben gebogener dünner Schnabel sieht wie ein kleiner Säbel aus.

Säbelschnäbler

Gabelweihe: Auch bei ihr diente ein Esswerkzeug als Namensvorlage. Beim Rotmilan, wie dieser Vogel häufiger genannt wird, ist es aber nicht der Schnabel, sondern der Schwanz, der an das Besteckteil denken lässt. Der ist nämlich tief eingekerbt. Wie eine zweizinkige Gabel eben.

Gänsesäger

Gänsesäger: Mit seinem mit Sägezähnen besetzten Schnabel geht der Gänsesäger in fischreichen Gewässern auf Jagd. Zusätzlich ist der Schnabel des Entenvogels an seinem Ende hakenförmig nach unten gebogen. So entkommt ihm kaum ein Fisch.

Löffler: Dieser Ibisvogel wird auch Löffelreiher genannt, was die Ähnlichkeit zu einem Esswerkzeug noch deutlicher macht. Warum er so heißt, dürfte auf den ersten Blick klar sein: Er hat einen langen, geraden Schnabel, der am Ende wie ein Löffel verbreitert ist.

Löffler

Fische: Mit Hammer, Säge und Schwert

Hammerhai

Hammerhai: Dieser Hai hat ordentlich was im Kopf – denn der ist auf beiden Seiten stark verbreitert und sieht wie ein riesiger Hammer aus. Die vergrößerte Oberfläche hilft der Haiart beim Aufspüren von Nahrung. Denn je größer der Kopf ist, desto mehr Sinneszellen passen darauf, die elektrische Signale von Beutefischen wahrnehmen können.

Sägerochen

Schwertfisch

Ihrem Namen alle Ehre machen auch der **Schwertfisch** und der **Sägerochen:** Der Oberkiefer des Schwertfischs kann bis zu drei Meter lang werden, er nutzt sein Schwert bei der Jagd und zur eigenen Verteidigung. Genau wie der Hammerhai besitzt auch der Sägerochen viele Sinneszellen an seiner sägeartigen Schnauze. Wie mit einer Antenne spürt er damit Krebse und Muscheln am Meeresgrund auf. Die Säge kommt aber auch beim Zerteilen der Beute zum Einsatz.

Kennt ihr die? Werkzeuge, die nach Tieren benannt sind

Ein Küken in der Wasserleitung? Ja, hat denn die Autorin einen Vogel? Keineswegs, denn manche haben wirklich so ein Küken bei sich zu Hause. Kein lebendiges, aber einen kleinen Gegenstand aus Metall, der im Drehgriff eines Wasserhahns verbaut ist. Dort sorgt das Kükenventil dafür, dass der Wasserfluss stoppt, wenn man den Hahn zudreht.

Vorbilder aus dem Tierreich

In der Sprache der Handwerker gibt es viele Werkzeuge oder Maschinen, die nach Tieren benannt sind – weil sie so aussehen oder weil sie deren Eigenschaften haben. Oft sind es alte Begriffe, die seit Jahrhunderten weitergegeben werden. Wie etwa der Grubenhund. Das ist natürlich kein echter Hund, sondern eine offene Kiste auf vier Rädern. Als einfacher Wagen wurde er im Bergbau eingesetzt, um das Fördergut abzutransportieren. Oder der Bär, der als Hammerkopf bei einem Maschinenhammer dafür sorgt, dass unter seinen Schlägen alles richtig platt wird.

Ohne Wiedehopfhaue – vorne Beil, hinten Hacke – könnten Waldarbeiter nicht zeitsparend arbeiten, ohne die Papageienschnabelzange Fliesenleger keine Fliesenkanten bearbeiten. Für den Bau von Innenwänden und Decken ist die Giraffe wichtig: als Schleifgerät mit einem langen Hals. Und den beweglichen Schlauch namens Kanalratte nutzt man dazu, um mit einem Hochdruckwasserstrahl Abwasserrohre zu reinigen.

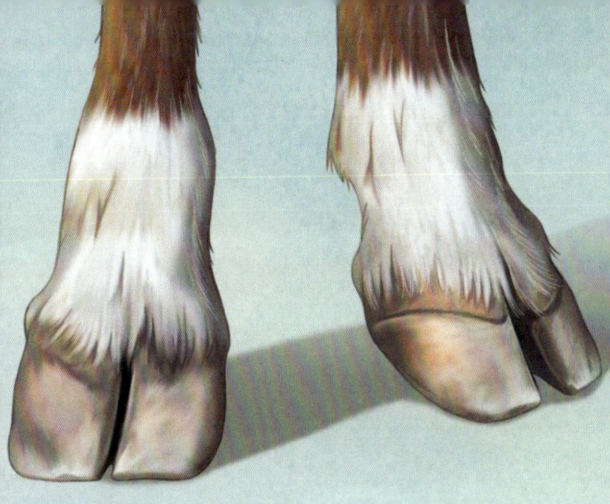

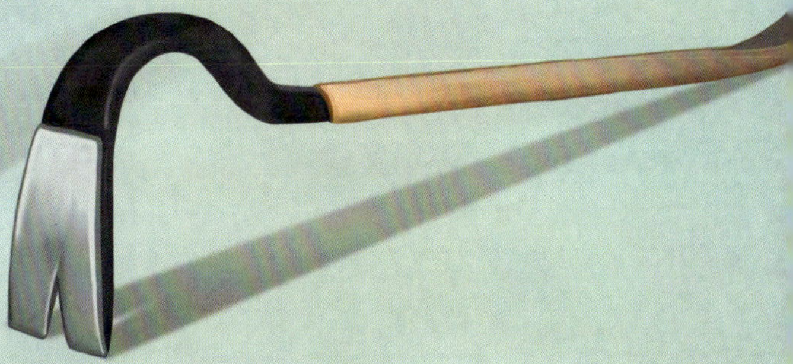

Die Fischfamilie der Stichlinge wiederum hat der gleichnamigen Holz-Bohrraspel ihren Namen gegeben. Mit einem Kuhfuß kann man fest verschlossene Türen aufhebeln und eingeschlagene Nägel herausziehen. Fuchsschwanz nennt man eine schmale Säge mit gezacktem, beweglichem Sägeblatt, das wie ein Fuchsschwanz hin und her schwingt. Gefährlich wird's mit dem Schmetterlingsmesser, einem Klappmesser, das sich öffnet wie ein Schmetterling.

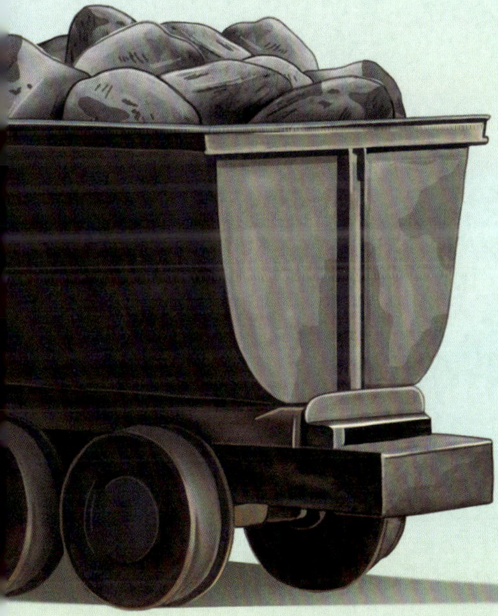

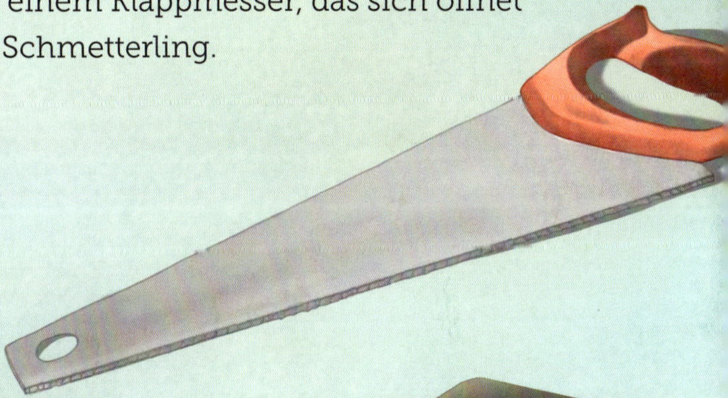

Na so was: Ein Fuchs im Ofenrohr

Warum man das waagerechte Verbindungsstück, das das Ofenrohr zwischen Kaminofen und Schornstein mit der Wand verbindet, wohl Fuchs nennt? Ganz einfach: Weil es darin so dunkel wie in einem Fuchsbau ist!

Angelika Huber-Janisch ist promovierte Biologin, Fachjournalistin und Buchautorin. Für ihre Veröffentlichungen in Kinder- und Jugendmedien wurde sie mit dem Deutschen Preis für Naturjournalismus, Sonderpreis «Der Wilde Rabe», ausgezeichnet.

Jana Walczyk, geboren 1989, studierte Design und Illustration in Münster, Bologna und Hamburg. Seitdem arbeitet sie als Buchillustratorin, sowohl im Bereich des erzählenden Kinderbuchs als auch in dem der Sachthemen und Wissensvermittlung.